LES RÉCRÉATIONS

DE LA

CARTOMANCIE

Paris. — Imprimerie Jules Bonaventure,
55, quai des Grands-Augustins.

Les Récréations

DE LA

CARTOMANCIE

OU

DESCRIPTION PITTORESQUE

De chacune des Cartes du Grand Jeu de l'Oracle des Dames

AVEC DES COMBINAISONS POUR EXPLIQUER

Le Présent, le Passé, l'Avenir

PAR MLLE LEMARCHAND

———❦———

PARIS

CHEZ TOUS LES MARCHANDS DE NOUVEAUTÉS

AVANT-PROPOS

Tout le monde sait aujourd'hui qu'il n'y a point de sorciers, et par conséquent qu'il n'est donné à qui que ce soit de prédire l'avenir sous telle ou telle forme ; cependant, il y a encore quelques personnes qui font de la cartomancie une récréation pure et simple : c'est à ces dernières que notre petit livre s'adresse.

Ce qui distingue celui-ci, de tous ceux du même genre, c'est le choix des oracles. L'auteur n'a pas cru qu'un jeu quelconque pût divertir, s'il laissait des impressions fâcheuses dans l'esprit des personnes qui en faisaient usage.

Il a donc réuni seulement les oracles capables d'offrir un sujet d'amusement et d'amener le sourire sur les lèvres des charmantes lectrices qui pourraient le consulter. Puisse-t-il y avoir quelque peu réussi! Son but serait atteint, et ses belles consultantes y gagneront, ce que le rire ajoute encore aux grâces et à la beauté.

MÉTHODE

Pour obtenir un oracle au moyen des cartes, on
emploie un jeu composé de 78 tarots[1], dont les figures
appropriées à leur signification sont :

4 rois.	N^{os}	22.	36.	50. 64.

4 rois. . . . . Nᵒˢ 22. 36. 50. 64.
4 reines. . . . . — 23. 37. 51. 65.
4 chevaliers. . . . . — 24. 38. 52. 66.
4 valets. . . . . — 25. 39. 53. 67.
4 dix. . . . . — 26. 40. 54. 68.
4 neuf. . . . . — 27. 41. 55. 69.
4 huit. . . . . — 28. 42. 56. 70.
4 sept. . . . . — 29. 43. 57. 71.
4 six. . . . . — 30. 44. 58. 72.
4 cinq. . . . . — 31. 45. 59. 73.
4 quatre. . . . . — 32. 46. 60. 74.
4 trois. . . . . — 33. 47. 61. 75.
4 deux. . . . . — 34. 48. 62. 76.
4 as. . . . . — 35. 49. 63. 77.

On y trouve la carte nᵒ 1 qui représente le questionnant, le nᵒ 8 la questionnante.

Les six jours de la création nᵒˢ 2, 3, 4, 5, 6 et 7.

Les quatre vertus cardinales, nᵒˢ 9, 10, 11 et 12.

Puis les événements remarquables de la vie de

---

1 Le grand jeu de l'*Oracle des Dames*, 78 cartes tarots, imprimé
en chromo-lithographie, à l'imitation des miniatures du xvᵉ siècle

l'homme, figurés sous les nᵒˢ 13, 14, 15, 16, 17, 18, 19, 20, 21 et 78.

Manière d'opérer[1].

Après avoir mêlé le jeu en deux sens, c'est-à-dire en mêlant les cartes alternativement tête de jeu en haut et tête en bas, vous faites couper par la personne qui consulte, et de la main gauche, ce qui est précieux pour une réussite.

Vous prenez alors les 42 premières cartes du jeu et en formez six tas de sept, que vous placez sur la table dans l'ordre suivant :

6ᵉ tas.	5ᵉ tas.	4ᵉ tas.	3ᵉ tas.	2ᵉ tas.	1ᵉʳ tas.

Vous prenez ces tas l'un après l'autre en commençant par le premier dont vous étalerez les cartes sur une ligne en allant de droite à gauche, vous aurez donc :

7ᵉ tas.	6ᵉ tas.	5ᵉ tas.	4ᵉ tas.	3ᵉ tas.	2ᵉ tas.	1ᵉʳ tas.

en tout sept tas de six cartes.

---

1 La méthode que nous donnons ci-dessus est empruntée à un ouvrage très-complet, intitulé : LE GRAND ETTEILLA OU L'ART DE TIRER LES CARTES, etc., etc., par JULIA ORSINI, un gros volume in-12, avec les 78 figures, etc., etc. [*Voir le catalogue à la fin de ce volume.*]

On peut aussi se procurer, aux mêmes adresses, un ouvrage relatif à l'art de tirer les cartes dont le titre est : *LA VÉRITABLE CARTOMANCIE*, par la sibylle française, L. NORMA, nouvelle édition ornée de 1,750 figures.

Prenez ensuite la 1re carte de chacun de ces tas, mêlez et formez une ligne en allant de droite à gauche, suivant la manière d'écrire des Orientaux.

Puis prenez deux cartes sur chaque tas, mêlez et formez deux lignes de sept, toujours comme il est dit plus haut.

Relevez le reste des cartes qui est de vingt et une, mêlez-le et composez-en trois lignes de sept que vous placez à la suite des trois autres.

Cela fait, vous aurez six lignes de sept cartes.

C'est alors que vous devez en faire l'explication suivant ce qui est dit pages 13 à 90, en commençant par la droite et en finissant par la gauche.

Supposons donc que vous fassiez le jeu pour une jeune personne et que vous trouviez sur la première ligne les n°s 63, 20, 64, 77, 44, 13 et 42.

Vous retirez du jeu le n° 8, qui est la questionnante, et le placez à la droite du n° 42, comme ci-dessous :

63	20	64	77	44	13	42		8

Vous dites :

8 La questionnante.
42 Jeune fille blonde.
13 Mariage.
44 Avenir.
77 Bonheur.
64 Homme brun.
20 Fortune.
63 Grossesse.

Il est facile de formuler un oracle comme ci-après, vous dites : 8 la questionnante, 42 est une fille blonde,

13 annonce mariage, 44 il sera prochain, 77 il sera heureux, 64 le futur sera un homme brun, 20 il sera riche, et 63 ils auront beaucoup d'enfants.

Quand le n° 8 se trouve dans la ligne, on le place au commencement et on le remplace par une carte prise au hasard dans le jeu, afin de compléter la ligne de sept.

Lorsque l'on fait le jeu pour un homme, on fait, à l'égard du n° 1, ce qui est dit ci-dessus pour le n° 8.

Si vous n'avez point réussi, avec cette première ligne, à former une phrase qui puisse s'expliquer clairement ; comme si au lieu du n° 64 qui représente un homme brun, vous trouviez le n° 23, qui est une femme de campagne, ou telle autre carte qui interrompe le sens de la phrase, vous expliquerez la 2e ligne, et ainsi de suite jusqu'à ce que vous ayez pu compléter un oracle sans contre-sens.

Voici la signification simplifiée des 78 tarots :

DROIT.	RENVERSÉ.
1 Le monde.	Le questionnant.
2 Eclaircissement.	Feu.
3 Propos.	Eau.
4 Dépouillement.	Air.
5 Voyage.	Terre.
6 La nuit.	Le jour.
7 Appui.	Protection.
8 Repos.	La questionnante.
9 La justice.	Le légiste.
10 La tempérance.	Le sage.
11 La force.	Le souverain.
12 La prudence.	Le peuple.
13 Mariage.	Union.
14 Force majeure.	Force mineure.
15 Maladie.	Maladie.
16 Le jugement.	Le jugement.

DROIT.	RENVERSÉ.
17 Fin.	Néant.
18 Traître.	Fausseté.
19 Misère.	Prison.
20 Fortune.	Augmentation.
21 Dissension.	Arrogance.
22 Homme de campagne.	Homme bon.
23 Femme de campagne.	Femme bonne.
24 Départ.	Désunion.
25 Bon étranger.	Nouvelle.
26 Trahison.	Trahison.
27 Retard.	Traverses.
28 Partie de campagne.	Disputes.
29 Pourparler.	Indécision.
30 Domestique.	Attente.
31 Or.	Procès.
32 Société.	Prospérité.
33 Entreprises.	Peines passées.
34 Chagrin.	Surprise.
35 Chute.	Naissance.
36 Homme blond.	Homme en place.
37 Femme blonde.	Femme en place.
38 Arrivée.	Duperie.
39 Garçon blond.	Penchant.
40 La ville.	Courroux.
41 Victoire.	Sincérité.
42 Fille blonde.	Satisfaction.
43 La pensée.	Projets.
44 Le passé.	L'avenir.
45 Héritage.	Parents.
46 Ennui.	Nouveauté.
47 Réussite.	Affaires.
48 Amour.	Désir.
49 Table.	Changement.
50 Homme de robe.	Homme méchant.
51 Veuvage.	Femme méchante.
52 Militaire.	Ignorance.
53 Espion.	Imprévoyance.
54 Pleurs.	Avantage.
55 Ordres.	Juste défiance.
56 Critique.	Incident.
57 Espérance.	Sages avis.
58 Route.	Déclaration.
59 Perte.	Deuil.
60 Solitude.	Economie.

DROIT.	RENVERSÉ
61 Eloignement.	Egarement.
62 Amitié.	Faux.
63 Extrême.	Grossesse.
64 Homme brun.	Homme vicieux.
65 Femme brune.	Mal certain.
66 Utilité.	Inaction.
67 Garçon brun.	Prodigalité.
68 La maison.	Jeu de hasard.
69 Effet.	Duperie.
70 Fille brune.	Usure.
71 Argent.	Inquiétude.
72 Le présent.	Ambition.
73 Futur.	Désordre.
74 Don.	Clôture.
75 Noblesse.	Enfant.
76 Embarras.	Lettre.
77 Contentement.	Bourse.
78 Folie.	Folie.

Nota. On peut remplacer le grand jeu de l'*Oracle des Dames* par le grand jeu des 78 Tarots égyptiens, dont le prix n'est que de 6 francs, et qui sert également bien ; il faut avoir soin cependant de se procurer celui marqué *Z. Lismon*, qui correspond par ses numéros au jeu de l'*Oracle des Dames*.

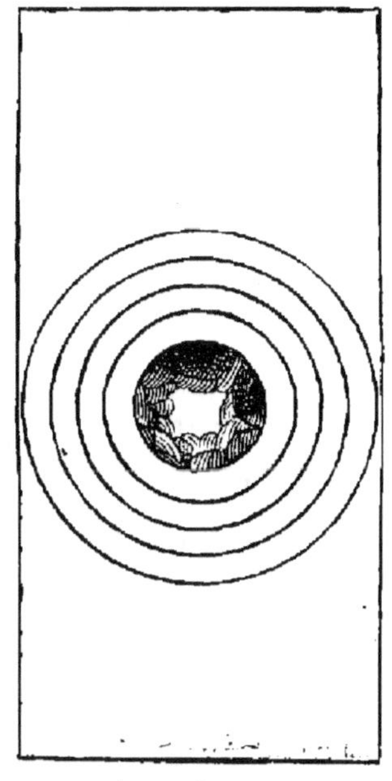

N° 1

Le Chaos

Cette carte est la figure du chaos ; elle représente toujours celui qui interroge ou veut obtenir un oracle au moyen du jeu de tarots. Si cette carte ne venait pas, il faudrait la chercher dans le jeu et la placer au commencement de la ligne, si c'était pour un homme que la consultation eût lieu ; tandis que, pour une femme, il faudrait la supprimer et la remplacer par le n° 8.

Ce tarot signifie généralement insuccès, soit qu'il sorte dans son sens naturel ou autrement.

Cependant, s'il arrivait entre deux autres tarots heureux, on pourrait le dire de bon augure.

Entre un Roi et une Reine, il signifie mariage, grandeur, succès, fortune.

N° 2

La Lumière

Vous voyez le soleil, c'est la lumière naturelle ; le voisinage de ce tarot est toujours favorable.

Lorsque le consultant est un homme, il signifie gloire, grandeurs, réussite, succès certains.

Pour une jeune personne, cette carte annonce mariage très-prochain ; pour une dame, c'est un avis qu'elle aura de beaux enfants.

Placée auprès du n° 13, elle annonce à la questionnante des bals, des fêtes, des parties de plaisir.

Lorsque la consultation est faite pour un homme, elle lui prédit des honneurs et des récompenses, et si le n° 21 se trouvait sur la ligne, ce serait l'avis d'une union désirée.

C'est une carte qui modifie beaucoup un oracle, car elle est généralement avantageuse.

N° 3

Les Plantes

Voici un tarot qui représente plusieurs choses : les plantes, l'eau, la terre, la lune ou la nuit. Sans doute il serait d'une interprétation difficile si chaque chose devait avoir un sens différent ; mais le voisinage des autres cartes modifie ou change beaucoup sa signification.

Près du n° 23, il vous avertit que vous recevrez des nouvelles de la campagne, des bouquets, des fleurs.

Près du n° 45, il prédit un héritage ; tandis qu'à côté du n° 47, il vous avertit que vous assisterez à un festin considérable.

Lorsque ce tarot vient renversé, il est l'avis de faibles contrariétés, parties de campagne ajournées, temps sombre ; en hiver, il annonce toujours un froid excessif.

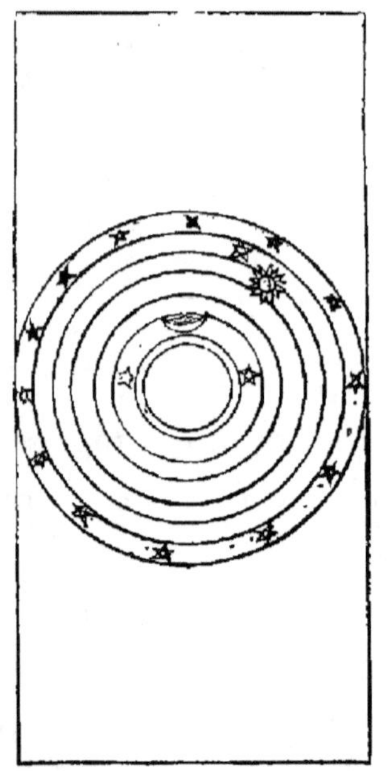

N° 4

Le Ciel ·

La signification de ce tarot avait paru aux cartomanciens de l'antiquité d'un augure défavorable ; mais ils supposaient, dans ce cas, qu'il sortait du jeu en compagnie de tarots d'un fâcheux présage.

S'il est accompagné du n° 20, il vous avertit de prendre soin de votre fortune et de votre réputation.

Auprès du n° 17, il vous annonce des nouvelles de pays lointains.

S'il est renversé, il vous prédit que vous seriez surpris par la pluie, si vous persistiez à faire le voyage à la campagne dont vous parlez depuis peu.

Si c'est pour une dame que l'on opère, il lui annonce de très-belles surprises.

N° 5

L'Homme
et les Quadrupèdes

Çette carte est l'annonce des plus grands succès dans toutes les entreprises possibles. Succès guerriers, si le consultant appartient à l'armée : grande fortune, si c'est un commerçant ; courage invincible, si c'est un conscrit.

Lorsque c'est une dame qui consulte, et si ce tarot est accompagné d'un cavalier, il lui prédit qu'elle recevra sous peu des nouvelles d'une amie qui habite loin d'elle. Si ce tarot était précédé d'un valet, c'est un signe d'opulence ; et lorsque l'un des quatre Rois ou l'une des quatre Reines se trouve soit avant, soit après, il vous prédit les grandeurs.

Auprès du n° 78, il ne serait point favorable, mais encore ne vous ferait-il craindre qu'une étourderie.

N° 6

Les Astres

❧

Ce tarot, qui représente les astres, ne saurait avoir d'autre signification que le n° 4 ; cependant les signes du Zodiaque ajoutent à sa valeur.

Droit, il est un signe que le questionnant, soit homme soit femme, jouira de longs jours.

Renversé, il vous dit que la lumière est faite ou qu'elle se fera sur une affaire très-obscure dont vous êtes fort préoccupé depuis quelque temps.

Mais auprès du n° 16, il ne prédit que des choses ayant rapport aux phénomènes de la nature, soit des pluies extraordinaires, des gelées, des neiges, des orages.

Quelquefois c'est une jolie surprise qu'il annonce, lorsque c'est une dame qui consulte.

N° 7

Les Oiseaux et les Poissons

Le sens véritable de ce tarot est paix profonde. Si cette carte arrive renversée, elle annonce que vos ennemis seront confondus. Auprès du n° 5, elle vous promet l'appui d'un grand personnage.

Lorsque la consultante est une jeune personne, elle lui prédit qu'elle recevra pour ses étrennes, d'une de ses vieilles parentes, une volière remplie des plus jolis oiseaux des îles.

Si c'est pour un monsieur que l'on opère, ce tarot lui annonce que, dans une partie de campagne, il fera une pêche remarquable.

On peut encore lui donner l'interprétation suivante près du n° 71 : héritage d'une parente éloignée.

Nº 8

Repos

Si vous faites le jeu pour une dame, et que cette carte ne se trouve pas au nombre de celles que vous avez tirées, il faut la prendre dans le jeu et la placer au commencement de la ligne. Si vous opériez pour un monsieur, il faudrait la changer contre le nº 1.

La véritable signification du tarot 8 est tentation : le consultant doit donc être averti qu'il est entouré de piéges ; mais, placé près des nᵒˢ 9, 13, 35, il est d'un augure favorable.

Lorsque cette carte arrive renversée et voisine des nᵒˢ 14, 17 et 18, elle ne donne que des prédictions obscures ; alors il faut recommencer l'épreuve.

N° 9

La Justice

Ce tarot, qui vous représente la Justice avec ses attributs, est pour vous l'annonce d'une réussite complète dans le procès que vous avez entrepris ; il a une signification différente lorsqu'il sort renversé ; mais, auprès des n°s 9 et 22, il est considérablement modifié, car il n'y a que des lenteurs à craindre.

Si le consultant n'a point de procès, ce tarot lui dit que l'estime des honnêtes gens lui est acquise à juste titre ; mais aussi, s'il venait renversé, cela voudrait dire que d'injustes soupçons courent sur son compte. Près des n°s 18 et 27, dans n'importe quel sens que vienne cette carte, elle lui assure considération unanime.

Si c'est pour une jeune personne que l'on consulte, il lui prédit réussite.

Nº 10

La Tempérance

Voici un tarot qui n'a qu'une seule signification, la tempérance. Quel que soit le sens dans lequel il arrive, droit ou renversé, il vous dit donc de vous tempérer en toutes choses.

La tempérance est une vertu que peu de gens possèdent à tous les degrés ; mais celui qui peut être maître de sa propre personne arrive facilement à une supériorité quelconque.

Les anciens interprètes des tarots regardaient toujours celui-ci comme un des meilleurs augures, parce qu'il annonçait, à celui pour qui l'on opérait, les plus brillants résultats.

Pour un militaire, il indique un grand courage et une grande valeur ; pour une jeune personne, ce tarot lui prédit un mari rempli des plus belles qualités.

Nº 11

La Force

Les cartomanciens ont, de tout temps, donné à ce tarot l'interprétation la plus heureuse. S'il arrive droit, il annonce les honneurs, les richesses et toutes les plus belles chances de réussite.

Si ce tarot vient renversé, il peut alors signifier disgrâce ; mais il faut, pour cela, que le tarot de gauche ou celui de droite soit de mauvais augure. Accompagné du nº 51, il vous avertit que vous recevrez des présents considérables ou même un héritage magnifique.

Pour une dame ou pour une jeune personne, il lui prédit de grands succès dans un bal ou autre réunion. Pour un guerrier, avancement, succès dans une bataille. Pour un plaideur, gain de procès.

Nº 12

La Prudence

Ce tarot vous avertit de vous tenir sur vos gardes dans toutes les occasions, et le serpent caractérise le démon tentateur.

Mais si ce tarot arrive en compagnie des nᵒˢ 9, 10 ou 11, il est un signe approbatif de la manière dont vous avez conduit vos affaires.

A côté du nᵒ 64, il est un avis de difficultés de peu d'importance ; et cet oracle est modifié par la carte suivante, si c'est un des quatre cavaliers ou des quatre valets ; car, dans ce cas, elle vous annonce que vous pouvez compter sur vos amis pour vous obliger en toute occasion.

N° 13

Le Grand Prêtre

Si le consultant est un jeune homme, cette carte lui annonce qu'il épousera sous peu la personne qu'il désire. Cette prédiction veut dire la même chose, lorsque la consultante est une jeune fille à marier, c'est-à-dire qu'elle sera unie au jeune homme sur qui elle a jeté ses vues.

Mais lorsque le consultant est marié, l'oracle alors se prononce pour un parent ou une parente très-proche.

A côté du n° 57, il vous annonce un raccommodement avec la personne qui vous tenait rigueur depuis peu.

Près du n° 70, il est l'annonce d'un mariage d'où naîtra beaucoup d'enfants.

Nº 14

Le Diable

L'interprétation de ce tarot avait été faite de diverses manières. Elle demande la plus grande attention de la part de celui qui opère ; par exemple, s'il vient droit, et accompagné du n° 12, vous ne devez rien craindre, parce que son sens est tout à fait modifié par le bon voisinage.

Renversé, il annonce que vous avez résisté au démon, et que la raison est plus forte chez vous que les préjugés.

Près du n° 78, il indique que vous assisterez prochainement à de très-jolies fêtes à la ville ou même à la campagne.

N° 15

Le Magicien

Cette carte annonce un changement important et imprévu dans votre position. La baguette du magicien indique qu'il faut peu de temps pour voir se réaliser cette prédiction.

A côté du n° 17, elle vous avertit d'un péril imminent pour votre fortune ; et précédée ou suivie du n° 70, elle vous indique des dangers causés par de fâcheuses connaissances.

Si ce tarot survenait renversé, et qu'il fût suivi du n° 78, ce serait un avis que vous commettriez quelques folies ou seulement quelques légèretés ; mais s'il se trouvait à côté du n° 65, vous auriez à craindre des nouvelles désagréables, auxquelles vous vous attendiez cependant.

Nᵒ 16

Le Jugement Dernier

Si vous avez quelque procès, ce tarot vous annonce qu'il sera terminé prochainement ; si vous avez seulement des ennuis, des contrariétés, il vous prédit un éclaircissement en votre faveur ; si vous avez formé des projets, que vous les verrez sous peu se réaliser suivant vos désirs ; si vous êtes incertain sur l'avenir d'une grande entreprise, que vous devez être prudent.

Renversé, ce tarot dit au consultant que son jugement est douteux et qu'il doit prendre conseil pour se décider à quelque chose.

Près du nᵒ 58, il vous prévient que vous serez appelé à juger une petite contestation entre parents ; à côté du nᵒ 15, que votre décision satisfera tout le monde.

N° 17

La Mort

Si ce tarot vient renversé, il vous dit que vos espérances seront déçues.

Auprès du n° 4, il vous avertit de ne point entreprendre le voyage en question, s'il doit être fait par un mauvais temps. Il vous dit d'être prudent en toute occasion, d'éviter les loups-garous et les chiens enragés.

Souvent ce tarot est, pour les autres, un mauvais voisinage ; il empêche de formuler un oracle ; alors il faut le supprimer de la ligne. Nous croyons qu'il est mieux de recommencer l'opération, parce qu'il est de mauvais augure et que rien n'oblige le consultant à chercher à interpréter des choses au-dessus de ce qui rentre dans le domaine de la récréation.

3.

N° 18

Le Capucin

Cette carte vous avertit que de fâcheuses plaisanteries ont été faites sur votre compte, mais que personne n'a voulu y ajouter foi ; la fourberie a été découverte.

Ce tarot, placé près du n° 66, vous est favorable, parce qu'il veut dire qu'en toute occurrence vous aurez des défenseurs et que les cancans ne peuvent vous atteindre.

La lanterne que le personnage tient dans sa main signifie que la lumière doit éclairer les gens qui doutent de la vérité ; le chien est ici l'emblème de l'amitié, parce qu'il n'y a point d'animal plus attaché à ses maîtres.

Placé près du n° 20, il annonce de grands sujets de satisfaction.

N° 19

Le Temple foudroyé

❧

Ce tarot prédit l'avénement de choses extraordinaires, mais redoutables seulement lorsqu'il sort droit et en compagnie des n°s 10 et 62. Cet oracle est toujours modifié par le voisinage de cartes favorables. Si, par exemple, il est suivi du roi, dame, chevalier ou valet de denier, il vous prévient que vous hériterez bientôt ; si c'étaient les n°s 36 à 39 qui lui fissent compagnie, ce serait l'avis d'une récolte abondante.

Renversé, à côté du n° 59, il annonce des naufrages ; mais vous ne pouvez prendre part à cette prédiction que lorsque vous êtes sur le point de vous embarquer ; autrement vous auriez seulement à redouter une averse considérable dans une partie à la campagne.

N° 20

La Roue de Fortune

❧

Ce tarot [est toujours d'un augure très-favorable ; il prédit de la fortune à celui qui n'en a point, une augmentation considérable à celui qui en a peu.

Seul, sortant droit ou renversé, il est un présage d'élévation, de dignités, d'honneurs.

Auprès des autres tarots, il ajoute en bien à leur prédiction, il détruit le sens fâcheux de la carte qui le précède ou le suit ; et lorsqu'il se rencontre avec l'un des n°ˢ 9, 10, 11 et 12, il marque que le consultant possède de grandes qualités morales.

Lorsque c'est pour un militaire que l'on fait le jeu, c'est l'annonce d'un avancement prochain.

N° 21

Le Despote

Il y a deux manières d'interpréter ce tarot ; dans la première, il peut annoncer à
celui pour qui on opère qu'il
parviendra à un poste élevé.

La seconde signification
veut dire que le consultant
subira la domination de quelque personne étrangère, ou
éprouvera des contrariétés qu'il devra endurer par toutes sortes de considérations.

Si c'est pour un jeune homme que l'on fait le jeu,
il veut dire que la femme qu'il épousera le dominera
en toutes choses ; si c'est pour une jeune personne, il
lui prédit que le mari qu'elle aura lui sera supérieur
par sa fortune.

Lorsque l'on fait le jeu pour une personne en place,
cette carte lui dit qu'elle est estimée de ses supérieurs.

N° 22

Le Roi de Bâton

Voici un tarot dont l'augure vous annonce des succès imprévus , des nouvelles de parents qui habitent les pays lointains. Si ce tarot vient après le n° 20, héritage d'un oncle ou d'une tante d'Amérique ; renversé, il vous engage à user prudemment de votre fortune.

Accompagné du n° 78, il est d'un augure moins favorable ; il vous avertit que vos projets seront contrariés par une tête folle. Mais si le n° 12 se trouve dans le nombre des cartes qui doivent former un oracle, il est un avertissement, pour vous, que de bons conseils viendront vous aider dans vos entreprises et qu'ils contribueront au succès de l'affaire en question.

Lorsque le n° 14 le précède, il annonce un mariage illustre à celui pour qui on opère.

N° 23

La Reine de Bâton

Ce tarot vous représente la reine de bâton ; c'est une femme bonne, vertueuse, instruite, spirituelle, remplie de mérite.

Si vous opérez pour un jeune homme, il est l'annonce que la femme qu'il épousera sera riche de toutes les bonnes qualités ; pour une jeune fille, elle a une signification analogue.

Cette carte se présentant debout est un signe de moissons abondantes.

Précédée du n° 37, elle fait attendre un grand acte de générosité, qui ne porterait pas le moindre avantage si ce n° 37 était renversé.

Si on opérait pour une personne d'un certain âge, ce tarot lui prédirait de grandes satisfactions et une vieillesse très-heureuse.

N° 24

Le Chevalier de Bâton

Le cavalier vous annonce des nouvelles ; il signifie changement de position, voyage, déplacement.

Auprès du n° 71, il vous prévient de vous tenir en garde contre des personnes en qui vous avez une trop grande confiance.

Auprès des nᵒˢ 14 et 16, il indique que des propos malveillants circulent sur des personnes auxquelles vous portez le plus grand intérêt.

Si le n° 78 se trouve dans la même ligne, il annonce une grande déraison dans le projet de voyage qui vous a été proposé, et vous devez vous souvenir que *pierre qui roule n'amasse pas de mousse*. En conséquence, préférer le certain à toute chance extraordinaire, ce certain fût-il même très-modique.

N° 25

Le Valet de Bâton

⌘

Cette carte vous représente le valet de bâton ; c'est aussi un messager porteur de nouvelles, mais naturellement elles ne peuvent venir de loin.

Auprès du n° 22, ce tarot est l'indice de bon vouloir de la part de personnes en position avantageuse.

Suivi du n° 23, il vous annonce qu'une dame de haute condition projette pour vous un mariage opulent.

A la suite du n° 20, il vous prévient que vous serez intéressé dans une spéculation industrielle dont vous retirerez grand profit.

Le valet de bâton est, dans toutes les occasions, un oracle assez favorable, et il corrige le sens des cartes contraires.

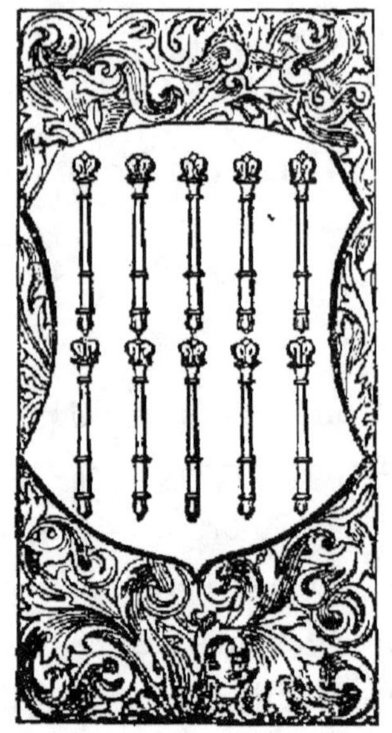

N° 26

Le Dix de Bâton

Ce tarot annonce de grandes variations de température dans le pays que vous habitez, des orages et des pluies continuelles.

Lorsqu'il vient renversé, il vous prévient que des projets sont faits pour arriver à vous ruiner, mais que vous déjouerez facilement vos adversaires.

Précédé ou suivi du n° 50, il avertit le consultant u'il doit espérer un héritage assez considérable, surtout quand il se rencontre un tarot comme les n°ˢ 40, 54 et 68.

Proche du n° 3, il est une marque de calomnie pour vous ou pour une personne à qui vous portez un véritable intérêt.

A côté d'un numéro favorable, il signifie travail, succès, réussite.

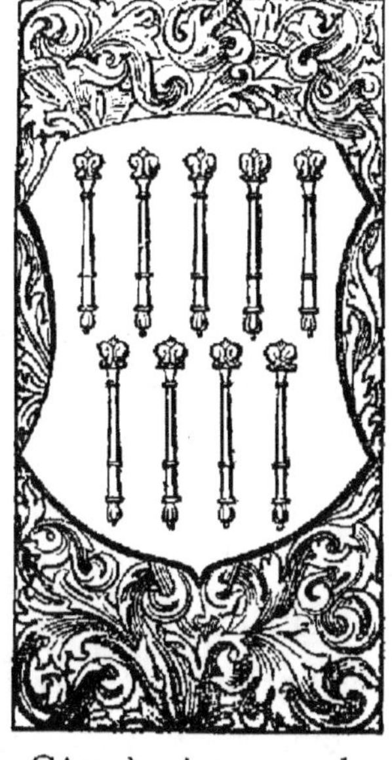

N° 27

Le Neuf de Bâton

Lorsque ce tarot sort droit et qu'il a pour voisins les n°s 30 et 27, il vous prédit un accueil peu aimable de la part de personnes chez qui vous êtes ordinairement reçu avec cordialité.

Côte à côte avec le n° 17, il vous donne avis que vous ne tarderez pas à retrouver un objet dont la perte vous a causé beaucoup de chagrin.

Proche du n° 13, c'est un signe de maladie légère.

Si c'est pour un marin que l'on fait le jeu, cette carte est le présage de mauvais temps et d'un grand retard dans le voyage qu'il est sur le point d'entreprendre ; si le consultant est un soldat, il lui dit qu'il ne montera pas en grade avant quelque temps.

N° 28

Le Huit de Bâton

☙

Si ce tarot sort dans son sens naturel, et que l'on fasse le jeu pour un célibataire, il annonce une rencontre agréable, une partie de plaisir, une entrevue matrimoniale.

Lorsqu'il se rencontre avec l'une des cartes de denier ayant nombre impair, il est une marque de contrariétés ; avec une des cartes d'épée, il est un signe de calomnie, de propos malveillants soit sur votre personne ou sur quelque parent fort proche.

Suivi ou précédé du n° 52, il annonce une réconciliation prochaine avec l'un de vos parents qui ne paraissait pas vouloir y consentir ; mais des raisons d'intérêt ont eu la plus complète influence sur son esprit.

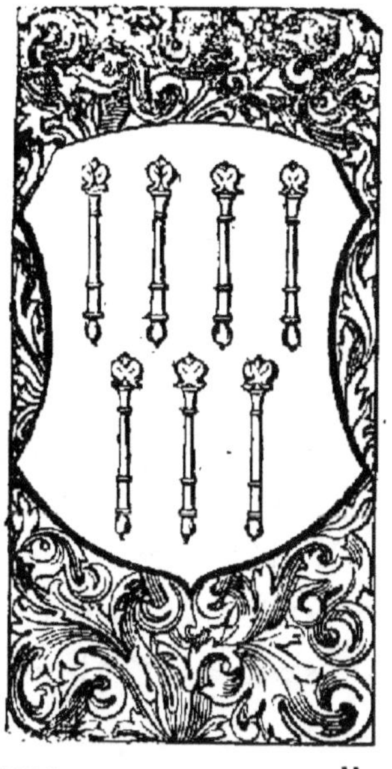

N° 29

Le Sept de Bâton

L'entreprise qui absorbe toute votre pensée est près d'avoir le plus brillant résultat, malgré la maladresse insigne d'une personne qui pouvait tout compromettre.

Lorsque c'est pour une jeune personne que l'on opère, ce tarot lui annonce que plusieurs de ses amis s'occupent de son mariage.

Proche du n° 22, il vous avertit que le grand personnage dont vous attendez protection vous promettra beaucoup, mais tiendra peu.

Si le hasard faisait venir ce tarot tête en bas, il vous dirait de mettre moins d'indécision dans vos projets.

Lorsque ce tarot se trouve précédé ou suivi du n° 47, il veut dire incendie ; traduisez feu d'artifice,

+.

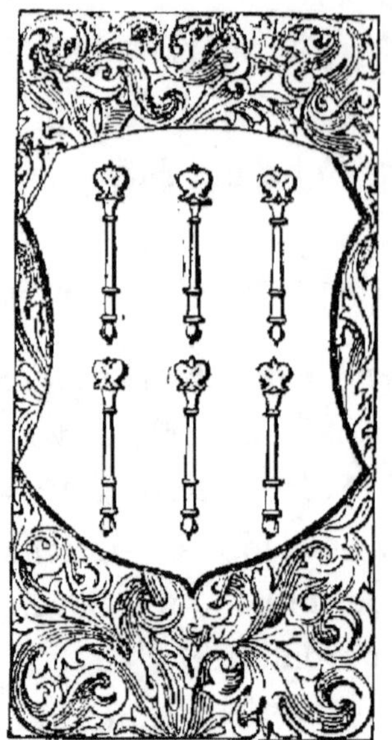

N° 30

Le Six de Bâton

❧

Cette carte vous prévient que vous avez choisi pour messager une personne indiscrète, et que la dernière lettre dont vous l'aviez chargée n'est pas arrivée de suite à sa destination.

Lorsque le consultant est une personne en place, ce tarot doit l'avertir de faire en sorte de conserver l'affection de ses maîtres.

Auprès du n° 42, il vous promet satisfaction complète et victoire sur vos ennemis.

A côté du n° 45, c'est une marque que vous pouvez espérer de recouvrer l'affection d'une vieille parente avec qui vous êtes depuis peu en délicatesse.

Lorsque l'on fait le jeu pour une jeune personne, cette carte l'avertit qu'une connaissance à elle cherche à lui rendre de mauvais services.

N° 31

Le Cinq de Bâton

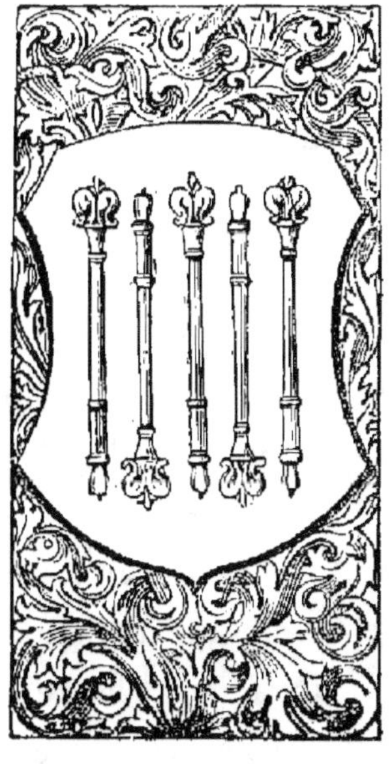

La carte 31 annonce des contestations nombreuses sur des sujets insignifiants et dans des réunions gastronomiques.

Si ce tarot se trouve auprès du n° 32 renversé, il vous prédit de très-grands avantages pécuniaires dans une affaire d'argent ; il y aurait doute, cependant, si le n° 38 venait avant ou après et renversé.

Suivi ou précédé du n° 69, il est, pour la prochaine partie de campagne que vous ferez, le signe que vous perdriez votre bourse, si vous n'y preniez garde.

Auprès du n° 50, il indique des procès et des querelles pour un de vos parents ; mais, suivi du n° 21, il lui prédit le plus brillant succès.

N° 32

Le Quatre de Bâton

Lorsque ce tarot est tiré renversé, et que l'on fait le jeu pour une dame, il lui prédit beaucoup d'enfants.

Debout, il vous annonce des divertissements dans une fête de campagne à laquelle vous êtes invité. Il vous prédit aussi un accroissement immense de votre fortune, et, par contre, une augmentation du nombre de vos amis.

A côté du n° 65, il prédit une trouvaille ; mais, auprès du n° 4, il n'est pas d'un augure favorable.

Renversé, il veut encore exprimer que vous avez besoin de mettre la plus grande prudence dans toutes vos actions, parce qu'il faudrait très-peu de chose pour vous causer des contrariétés.

N° 33

Le Trois de Bâton

Lorsque ce tarot suit le n° 1, il est un signe incontestable de succès et de célébrité ; il annonce au consultant que la chance le suivra dans beaucoup d'occasions.

Proche d'un roi ou d'une dame arrivant debout, il prédit des protections considérables pour la personne qui consulte.

Après le n° 15, il vous prévient que beaucoup de vos amis conspirent contre votre bourse ; et, par cette raison, il faut vous tenir en garde contre leurs projets, si vous ne voulez pas être ruiné d'un instant à l'autre.

Le numéro qui vient après peut changer le sens de ce tarot, lorsque c'est un des tarots représentant des deniers, car c'est l'annonce de gains d'argent.

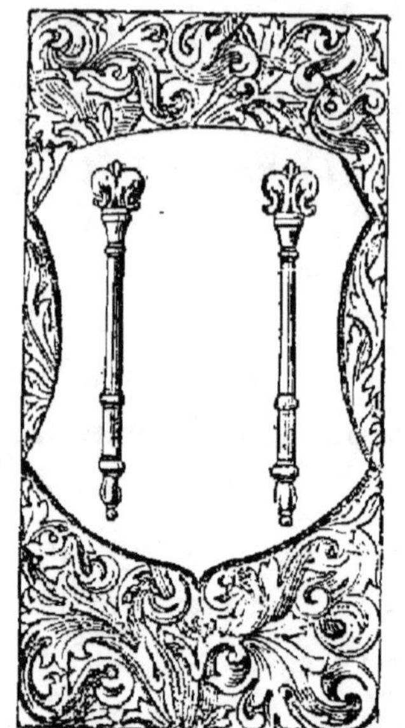

Nº 34

Le Deux de Bâton

❧

Quand ce tarot arrive en sens naturel, il est l'avis que vous éprouverez de fortes contrariétés. Lorsqu'il vient renversé, il vous prédit de jolies surprises.

Auprès du n° 50, il annonce des marques de jalousie de la part du mari, si c'est pour une dame que l'on fait le jeu ; ou de la part de la femme, si c'est pour le mari que l'on opère.

Pour un militaire, il lui dit que, pour parvenir au grade qu'il ambitionne, il rencontrera des obstacles ; mais qu'il n'y a point à se désespérer si cette carte est précédée ou suivie des nos 2, 9 ou 20.

N° 35

L'As de Bâton

Quand cette carte se trouve placée en tête de la ligne qui doit former un oracle complet, elle signifie naissance lorsqu'elle est renversée.

Près du n° 11, elle annonce à la questionneuse une nombreuse postérité.

Auprès du n° 48, elle indique, à la personne pour qui on fait le jeu, qu'elle a beaucoup à craindre pour sa réputation, parce que des gens, qui envient ses succès dans le monde, cherchent à répandre sur son compte des propos calomnieux.

Après le n° 39, et renversé, ce tarot indique que des maladies épidémiques causent des ravages considérables parmi les peuples sauvages.

N° 36

Le Roi de Coupe

Cette carte annonce une volonté supérieure , si elle vient dans son sens naturel ; tandis que, renversée, elle est un signe d'indécision dans le caractère de celui qui consulte.

Pour une jeune personne, près du tarot 48 et suivi du 63, cette carte est l'annonce d'une prochaine union avec le jeune homme qu'elle désire épouser ; elle lui prédit encore une nombreuse et belle postérité.

Renversée, elle annonce un déplacement quelconque, un changement d'habitation, un voyage lointain, lorsque le n° 7 se rencontre dans la ligne et qu'il vient renversé.

Auprès du n° 78, elle vous avertit de prendre garde aux mauvais conseils.

N° 37

La Reine de Coupe

Une dame de distinction vous porte un grand intérêt ; vous aurez sous peu de ses nouvelles ; ce sera l'annonce d'une grande chose concernant votre bonheur, sans doute un brillant mariage.

Si la personne pour qui on consulte est une femme mariée, ce tarot lui prédit qu'elle sera beaucoup remarquée dans le premier bal où elle assistera.

Auprès du n° 63, elle marque l'intempérance.

Du haut en bas, et lorsque le consultant est un jeune homme, cette carte lui dit que son mariage se fera bientôt, mais qu'il doit se mettre en garde contre des personnes qui ne voudraient pas le voir réussir.

N° 38

Le Chevalier de Coupe

Lorsque cette carte se trouve auprès du n° 3o, elle vous prévient qu'une personne que vous n'attendez pas viendra vous faire un emprunt que vous n'oserez pas refuser. Si c'est auprès du n° 71 qu'elle se trouve placée, elle est le signe d'une restitution ; c'est un de vos parents qui vous fera une visite et sera chargé de cette remise, sur laquelle vous ne comptiez aucunement.

Près du n° 68, elle vous annonce que vous ferez une spéculation avantageuse, qui vous permettra l'acquisition d'une fantaisie que vous désirez depuis longtemps.

Retournée, elle indique la fourberie, et vous engage à faire attention à votre bourse ou à vos bijoùx, lorsque vous assisterez à une réunion publique.

N° 39

Le Valet de Coupe

Lorsque ce tarot vient dans son sens naturel, il est d'un augure favorable, car il signifie considération, succès, louanges.

Pour une jeune personne, il lui prédit qu'elle épousera un jeune blond, riche et spirituel.

Pour un homme en place, il lui indique un prochain avancement, ou sa nomination à l'emploi qu'il désire ardemment obtenir et qu'il a jusqu'alors sollicité en vain.

Auprès du n° 19, si c'est pour une dame que l'on interroge les cartes, il lui annonce de jolis présents de la part d'une vieille tante dont elle n'a point reçu de nouvelles depuis plusieurs mois.

Si on opère pour un jeune homme, et que cette carte arrive la tête en bas, elle indique des contrariétés qui cesseront prochainement.

N° 40

Le Dix de Coupe

⁂

Le tarot 40 annonce l'abondance, la réussite, le succès.

Si le consultant est un célibataire, il lui dit qu'il épousera sous peu une riche héritière, malgré le peu de fortune qu'il possède personnellement.

Auprès du n° 21, il indique, à celui pour qui on fait le jeu, que de grandes discussions s'élèveront entre lui et quelque personne supérieure en position, mais que la vérité sera de son côté et, par conséquent, la raison.

Auprès du n° 29, et opérant pour une femme, c'est l'indice que quelques coups d'épingles lui ont été donnés dans un conciliabule féminin.

Pour un marin, ce tarot prédit des variations fréquentes de température.

Nº 41

Le Neuf de Coupe

Vous avez reçu des conseils d'une personne que vous aimez à juste titre ; écoutez encore la voix de l'amitié dans l'affaire que vous allez entreprendre.

Si le consultant est militaire, ce tarot lui prédit de beaux succès ; il reviendra, à la fin de la campagne, comblé d'honneurs et de dignités.

Lorsque ce tarot vient renversé, il indique, à la personne qui consulte, un beau succès en spéculation commerciale.

Auprès du nº 70, c'est une contrariété pécuniaire qui doit venir vous troubler.

Précédé du nº 50, il vous recommande de ne point parler à tort et à travers des personnes que vous fréquentez, parce que les propos légers sont toujours nuisibles.

Nº 42

Le Huit de Coupe

Lorsque ce tarot se présente renversé, et près de cartes favorables, il indique, à la personne qui consulte, satisfaction en toutes choses.

Il indique encore que la personne pour qui on fait le jeu recevra sous peu des nouvelles d'une parente à laquelle elle porte un grand intérêt.

Pour un jeune homme, il est l'annonce que la jeune fille qu'il épousera sera une belle blonde.

Si, au contraire, on opère pour une jeune fille, il lui annonce qu'elle doit tout attendre de son étoile.

Suivi du nº 21, il présage quelques petites querelles dont vous sortirez victorieux.

N° 43

Le Sept de Coupe

La signification de cette carte est desseins, projets de toutes sortes ; ce qui rend l'interprétation difficile, parce qu'elle dit d'abord que le consultant est sujet à de grandes variations dans ses idées ; ensuite elle n'a de valeur qu'en raison des tarots qui l'avoisinent ; c'est alors une carte nulle.

Lorsque ce tarot est accompagné des n°ˢ 53 et 54, il vous annonce des pensées tristes, peu agréables, mauvaises. Si, au contraire, il est proche des n°ˢ 7 et 22, il vous prédit des idées riantes, des pensées bouffonnes, de la gaieté dans votre imagination.

Auprès du n° 47, il dit réussite ; tandis qu'en compagnie du n° 18, il indique des projets inexécutables, voyages manqués.

Si on opère pour une dame, il lui prédit qu'elle sera surprise par la pluie.

N° 44

Le Six de Coupe

Ce tarot vous annonce des souvenirs agréables, lorsqu'il arrive debout ; renversé, auprès du n° 18, il vous prévient que vous aurez quelques regrets.

Lorsque cette carte est accompagnée du n° 33, elle indique la fin d'une maladie, soit pour le consultant, soit pour une personne qui l'intéresse au plus haut degré.

Quand les n°s 44, 18 et 51 viennent en ligne pour former un oracle, ils vous préviennent qu'une femme brune, remplie de méchanceté, vous causera beaucoup de désagréments ; mais lorsque l'une des trois cartes vient renversée, cela annonce le contraire, c'est-à-dire que la personne dont il est question dit partout du bien de vous.

Nº 45

Le Cinq de Coupe

Le cinq de coupe est toujours de bon augure ; c'est l'un des oracles les plus favorables. Il indique la réussite dans les entreprises du consultant.

Renversé, ce tarot vous annonce l'arrivée prochaine, près de vous, d'un parent dont vous n'avez pas eu de nouvelles depuis un temps éloigné.

Si c'est pour une jeune fille que l'on fait les cartes, le nº 45 est le présage d'une union vivement désirée.

Quelquefois aussi ce tarot annonce des successions de pays étrangers, ainsi que d'un oncle d'Amérique ou de tout autre parent à vous, habitant les pays éloignés ; si ce tarot était en compagnie du nº 32, il vous annoncerait seulement une lettre flatteuse de ce parent.

N° 46

Le Quatre de Coupe

Voici un tarot qui ne présage point des choses aussi belles que le précédent ; il signifie contrariétés , tribulations , changement de temps ; vous serez surpris par une averse, et vous attraperez à la suite un rhume de cerveau.

Suivi du n° 2 renversé, cette carte vous prévient que vous serez témoin d'un spectacle merveilleux, soit une tempête, un incendie, une trombe, des grêles extraordinaires, mais que cela ne causera de dommage à personne, parce que vous ne verrez cela qu'en songe.

Auprès du n° 28, c'est l'avis d'une invitation à une belle fête à la campagne, dans une des plus jolies propriétés de la contrée.

Nᵒ 47

Le Trois de Coupe

C'est particulièrement aux actrices que l'interprétation de ce tarot s'applique d'une manière positive ; il annonce à la consultante qu'elle aura le plus brillant succès dans la pièce que l'on répète en ce moment ; une pluie de couronnes et de bouquets viendra, à la fin de la plus prochaine représentation, lui exprimer l'impression que son talent aura causée à ses admirateurs.

Auprès du nᵒ 45, il indique encore des succès de théâtre, mais bien différents ; il vous dit qu'un de vos parents prépare une pièce de comédie qui aura un succès fou, et que cette œuvre le mettra au premier rang des auteurs dramatiques.

Si le consultant était un militaire, ce serait l'annonce d'une victoire ou d'une réussite comme avancement.

Il faut remarquer que ce tarot 47 modifie les cartes défavorables qu'il avoisine.

N° 48

Le Deux de Coupe

Ce tarot prédit fortune à celui qui aime les richesses ; il annonce les honneurs à celui qui est dominé par l'ambition ; à l'amoureux, il prédit mariage ; au négociant, belles entreprises ; au vieillard, santé ; au malade, guérison.

Lorsque l'on fait le jeu pour une dame, cette carte l'avertit qu'elle aura de grands succès au bal auquel elle est invitée ; elle sera fêtée plus qu'aucune autre.

Suivi du n° 61, il est douteux, par exemple ; c'est le signe d'espérances déçues et de non-réussite.

Renversé et proche du n° 69, ce tarot vous annonce de jolies choses dont vous trouverez l'explication en consultant une deuxième fois l'oracle.

N° 49

L'As de Coupe

Le sens de ce tarot était loi ;
on a traduit table, table de la
loi. Il est le signe d'une volonté ferme, absolue ; par
cette raison, il confirme la
prédiction de toute carte voisine quelle que soit cette

prédiction.

Auprès du n° 37, il vous annonce des nouvelles
attendues depuis longtemps, d'une personne blonde à
laquelle vous portez beaucoup d'amitié.

Si vous faites le jeu pour une jeune personne, cette
carte l'avertit que son futur fera un petit voyage avant
de se marier, afin de régulariser ses affaires de famille.

A côté du n° 34 renversé, cette carte vous dit que
vous verrez en songe ce qui doit vous arriver ; mais
si le songe que vous ferez ne vous annonçait pas
des choses agréables, il y aurait à douter de leur
réalité.

N° 50

Le Roi d'Epée

❧

Cette carte vous engage à éviter les gens de loi ; fuyez les procès et les avocats. Lorsque le hasard amène ce tarot auprès du n° 22 renversé, il vous avertit qu'un honnête magistrat vous fera rendre justice.

Pour une dame, et près du n° 55, c'est lui dire qu'elle doit se méfier des discours fallacieux d'un homme brun aux brillantes apparences, mais de peu de valeur au fond.

A côté du n° 61, c'est un signe très-fâcheux pour une personne qui vous a longtemps persécuté, mais envers qui vous n'étiez pas sans reproches.

Quand ce tarot est voisin du n° 71, il vous annonce la perte de votre bourse, que vous retrouverez si le n° 20 se trouve dans la ligne et non renversé.

Après le n° 78, il marque qu'un grand personnage sera votre protecteur dans diverses occasions.

N° 51

La Reine d'Epée

Une femme acarâtre dont vous êtes parent assez proche éprouvera sous peu des contrariétés inattendues.

Si c'est pour une jeune fille à marier que l'on opère, cela l'avertit de bien étudier le caractère de celui qu'elle doit épouser, parce qu'elle pourrait bien faire mauvais ménage.

Pour une femme mariée, ce tarot indique de la prodigalité de la part de son mari ; près du n° 71, il vous engage à ne pas mettre tous vos œufs dans le même panier, et à veiller à la conservation de votre petite fortune.

Auprès du n° 47, ce tarot vous dit qu'une femme très-malicieuse cherche à vous nuire ; et proche du n° 33, la prédiction est toute différente : c'est une personne inconnue de vous qui cherche une occasion de vous faire du bien.

N° 52

Le Chevalier d'Epée ·

Vous apprendrez bientôt qu'un militaire auquel vous portez quelque intérêt aura fait parler de lui, et la récompense qu'il a gagnée sur le champ de bataille lui sera décernée.

Auprès du n° 38, cette carte vous fait savoir que votre ville sera visitée par d'illustres militaires.

Ce tarot, quand il est renversé, prédit, à celui pour qui on consulte, qu'il aura une discussion avec une personne pleine de prétention, et que cette personne sera la risée de ceux qu'elle aura faits juges de la chose.

Si on fait le jeu pour une dame, il lui annonce qu'elle brillera beaucoup par ses talents d'agrément, et que ses rivales seront éclipsées par elle dans une trèsprochaine réunion.

N° 53

Le Valet d'Epée

❧

Ce tarot vous prédit une bonne spéculation, qui n'aboutirait à rien de bon, si vous laissiez trop de gens s'initier dans vos affaires; précédé du n° 50, il vous prévient que vous devez être prudent avec un homme de robe qui ne vous veut pas tout le bien qu'il affiche vous souhaiter.

Lorsque ce tarot suit le n° 13, il vous annonce qu'une personne que vous détestez épousera un jeune homme auquel vous portiez assez d'intérêt et de qui vous attendiez une demande en mariage pour vous-même; mais le n° 20 qui, je le crois, se trouve très-près, vous servira de consolation, parce qu'il vous promet quelque chose de mieux.

Auprès du n° 32, et retournée, cette carte vous dit que vous recevrez une nouvelle qui vous étonnera singulièrement, mais d'une manière fort agréable.

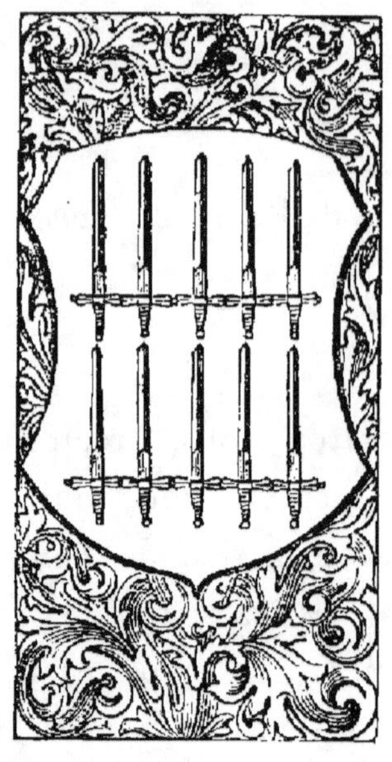

N° 54

Le Dix d'Epée

Ce tarot indique, à la personne qui consulte, que des querelles viendront troubler la tranquillité de gens qui lui sont proches.

Retourné, il veut dire avantages, succès, autorité quelconque.

Après le n° 71, il est, pour des affaires d'argent, d'un augure favorable ; il prédit bonne spéculation, bénéfices sur des affaires industrielles.

Proche du n° 26, cette carte vous avertit qu'une personne dont vous ne présumez pas la mauvaise volonté vous nuirait, si vous n'alliez pas au-devant de ses méchants desseins.

Lorsque le consultant est un militaire ou un marin, cette carte est le signe d'avantages en cas de guerre.

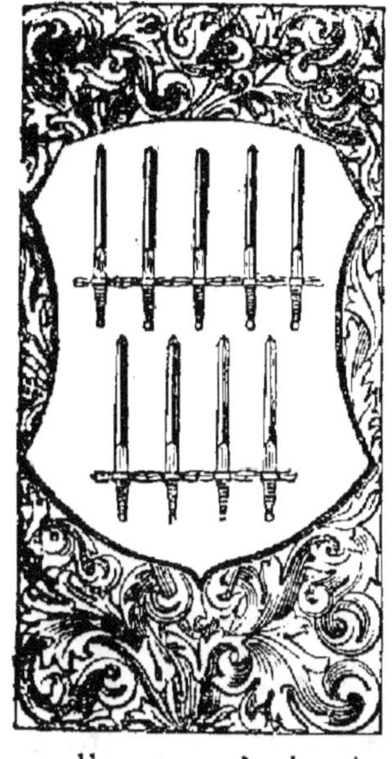

Nᵒ 55

Le Neuf d'Epée

Cette carte a rapport aux grandes cérémonies religieuses ; elle vous avertit que sous peu vous assisterez à quelque messe de mariage ; et proche du nᵒ 6, elle vous dit que ce sera une union à laquelle vous n'aviez jamais songé.

Si ce tarot vient renversé, il vous prédit, au contraire, une rupture matrimoniale, mais entre des futurs en faveur desquels vous êtes trop bien prévenu.

Après le nᵒ 20, cette carte vous approuve de n'avoir pas eu une confiance trop grande dans l'affaire qui vous avait été proposée.

En général, le nᵒ 55 avertit le consultant de se tenir sur ses gardes.

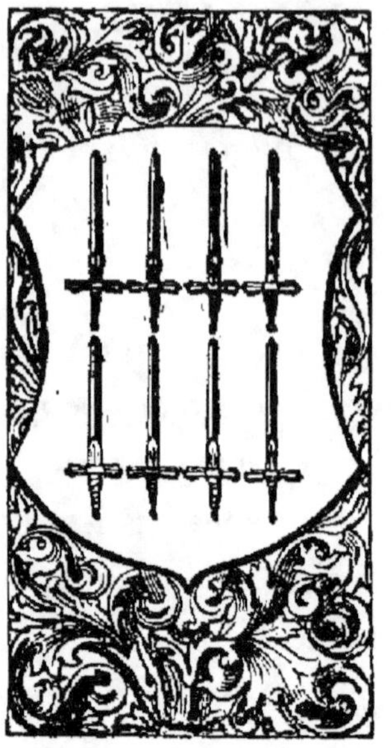

N° 56

Le Huit d'Epée

❧

Lorsque ce tarot se présente dans son sens naturel et proche des nᵒˢ 13, 20 et 36, il ne présage rien de fâcheux.

Auprès des nᵒˢ 18, 19 et 34, il est un augure défavorable ; il vous prédit une petite mystification, ce qui vous étonnera d'autant plus, que vous attendiez un autre résultat.

Quand la consultante est une jeune fille, ce tarot l'avertit que des propos seront tenus sur son compte ; et elle en sera fort contrariée, si ledit tarot est en compagnie du nᵒ 46.

Près des nᵒˢ 44 et 78, il vous dit que vous ferez des rêves surprenants ; vous assisterez à des fêtes brillantes, des bals, des spectacles, mais tout cela en songe.

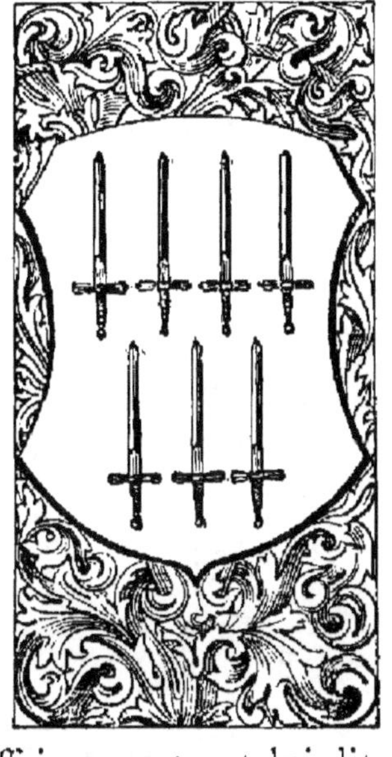

N° 57

Le Sept d'Epée

Le nombre sept a toujours été regardé comme très-favorable par les cartomanciens, parce que le monde ayant été créé en six jours, le septième fut consacré au repos.

Si le consultant est dans les affaires, ce tarot lui dit qu'après avoir fait une grande fortune, il se retirera dans une belle propriété de campagne.

Lorsque l'on fait le jeu pour une femme mariée, le n° 57, auprès du n° 63 renversé, est l'avis d'une belle postérité.

Auprès du n° 71, il annonce succession pour laquelle des procès s'élèveront entre les partageants, mais que l'on terminera par un bon arrangement.

Si le consultant est sur le point de contracter mariage ou toute autre affaire d'une grande importance, ce tarot l'avertit de bien peser les conseils qui lui sont donnés.

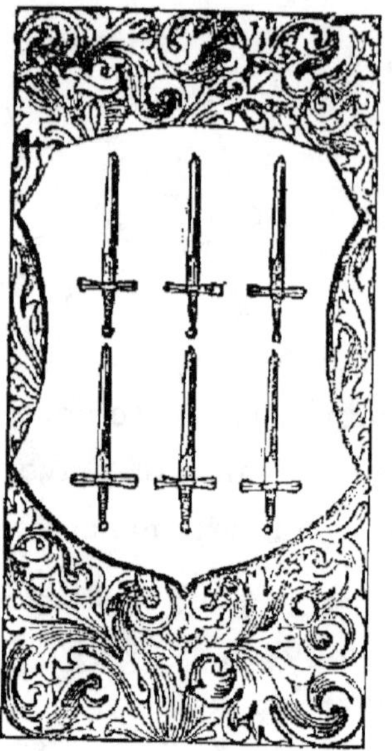

N° 58

Le Six d'Epée

Cette carte vous prédit un voyage d'agrément ou de grandes parties de plaisir, soit des bals de noces, des spectacles magnifiques.

Proche du n" 9, ce tarot vous dit que le procès en question sera jugé sous peu et à votre complète satisfaction.

Si ce tarot vient renversé auprès du n° 20, il vous avertit qu'une tante très-âgée s'occupe de faire son testament et que vous y serez nommé.

Après le n° 27, cette carte indique des lenteurs dans une affaire qui vous préoccupe beaucoup, et alors des contrariétés auxquelles vous serez fort sensible, à cause de l'irrésolution que vous mettez généralement dans toutes vos entreprises ; mais aussi, quand le n° 22 se rencontre sur la ligne, il vous prédit satisfaction dans ce que vous avez rêvé.

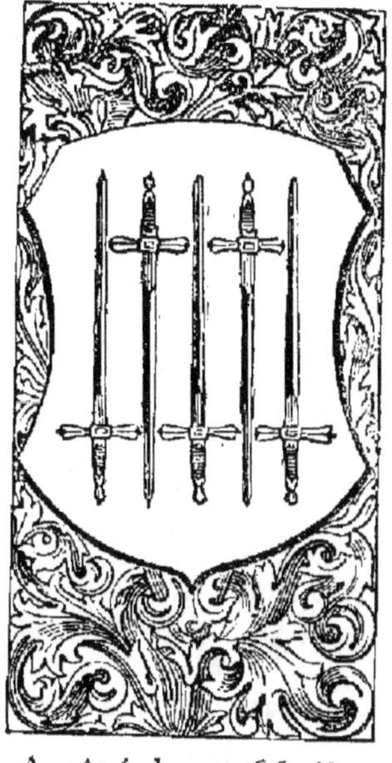

Nº 59

Le Cinq d'Epee

Cette carte vous avertit que l'on en veut plus à votre bourse qu'à votre personne ; ne vous laissez donc pas entraîner dans des spéculations qui vous causeraient des dommages irréparables.

A côté du nº 66, il vous avertit de garder une poire pour la soif et de vous souvenir que le temps perdu ne se retrouve jamais.

Auprès des tarots 24 ou 33, il dit au consultant qu'il doit craindre des contrariétés domestiques.

Quand cette carte arrive renversée, elle vous dit que vous ne tarderez pas à assister à quelque cérémonie solennelle, et le sens n'a rien que d'agréable s'il est modifié par les tarots qui la suivent ou la précèdent.

N° 60

Le Quatre d'Epée

Lorsque ce tarot sort le premier, il vous prédit que vous ne tarderez pas à éprouver le désir de vous mettre dans quelque communauté.

Proche du n° 56, il est l'indice de contrariétés ; le consultant sera soumis à un déplacement contraire à ses goûts ; il sera forcé de faire un voyage assez éloigné et pour lequel il a une complète aversion.

Renversée, cette carte vous dit que vos affaires réussiront, si vous y mettez toujours autant d'ordre et de bonne administration.

Le contraire vous menace, si ce tarot est proche du n° 19. Vous seriez bientôt ruiné, si de bons conseils nè parvenaient pas à vous arrêter dans vos folles dépenses.

Auprès du n° 21, ce tarot est le signe de discussions ou de faibles querelles suivies de raccommodement.

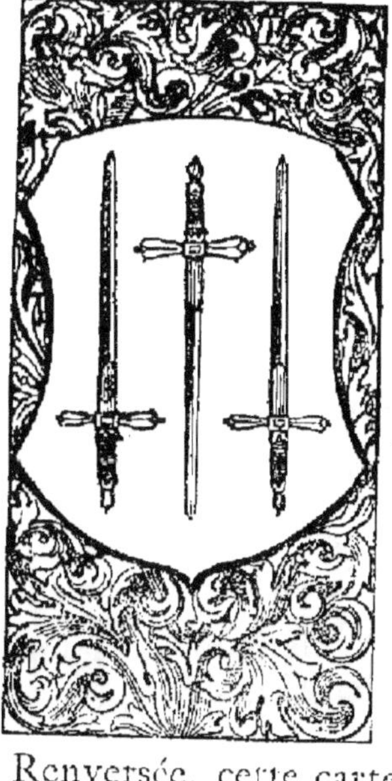

N° 61

Le Trois d'Epée

Lorsque ce tarot sort en compagnie du no 20, il vous dit que la fortune est capricieuse, qu'elle est vite lassée ; c'est à vous de savoir conserver ses faveurs ou de profiter de l'occasion.

Renversée, cette carte indique des erreurs de différents genres, une manière de voir de la part du consultant, peu conforme au sens commun.

Lorsque ce tarot est proche du no 5, il annonce un mariage rompu ou sur le point de se rompre, soit dans une famille qui vous est proche ou même dans la vôtre ; mais les tarots qui suivent détruisent cet oracle, car, lorsqu'une carte favorable vient immédiatement, dans ce cas, ce n'est qu'une brouille qu'il faut craindre.

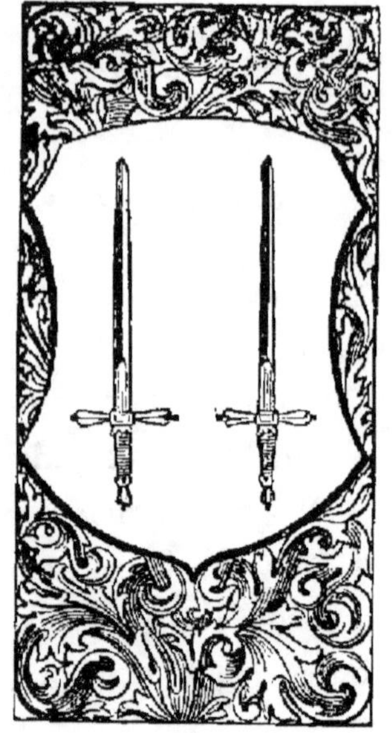

N° 62

Le Deux d'Epée

Ce tarot est fort souvent d'un augure favorable, mais il faut que les cartes qui l'entourent le soient également.

Si le consultant est une dame ou une jeune personne, il lui prédit des cadeaux très-gracieux ; elle recevra des bouquets où se trouveront les fleurs les plus rares.

Pour un homme, il lui annonce qu'il obtiendra ce qu'il sollicite et qu'il sera appuyé par quelque personnage en faveur.

Il indique au cultivateur de faibles moissons, mais toujours accompagné de numéros défavorables, tels que le 19 ou 56 ; autrement il ne serait qu'un oracle insignifiant.

Nº 63

L'As d'Epée

Ce tarot a quelquefois reçu, des cartomanciens, une interprétation très - défavorable ; ils y trouvaient des augures sinistres pour les personnes et pour les propriétés ; quelquefois aussi ils y voyaient un signe de misère.

Le nº 63 est sans doute une carte des moins heureuses ; proche du nº 4, il annonce des contrariétés pécuniaires, et voisin du nº 47, il indique que vous serez aidé par une personne de votre famille.

Quelquefois ce tarot se rencontre en compagnie du nº 48, et alors que vous faites le jeu pour une dame, ce qui lui prédit des enfants.

Retourné, il indique, pour une jeune personne, du trouble dans ses projets d'union.

N° 64

Le Roi de Denier

Ce tarot laisse voir un personnage noir de figure ou de caractère, qui cherche à vous nuire dans votre fortune, mais dont les mauvais desseins seront vite déjoués.

Si celui qui consulte est une femme ou un homme marié, ce tarot serait un indice de brouille de ménage ; mais en compagnie d'un [numéro favorable, il présage qu'une personne qui a cherché à vous être agéable, en rétablissant l'union dans votre intérieur, y réussira incessamment.

Lorsque ce tarot est tiré par un marin, il lui prédit un long voyage dans lequel il éprouvera du mauvais temps, mais qui lui sera très-lucratif.

En compagnie du n° 58, c'est l'avis que vous éprouverez, dans un petit voyage, des accidents sans importance.

N° 63

La Dame de Denier

❧

L'interprétation de cette carte est de bon augure ; elle vous annonce de riches présents de la part d'un parent opulent qui habite la campagne.

Si le consultant est un jeune homme, et que ce tarot vienne le premier, il lui dit que son mariage se fera bientôt et que la personne qu'il épousera sera une jeune brune très-riche.

Auprès du n° 69, il prédit difficultés ; suivi du n° 45, donation d'un parent à un degré fort éloigné.

Retourné, ce tarot annonce une petite indisposition, mais qui sera de courte durée.

Accompagné du n° 21, il signifie duel qui fera beaucoup de bruit, mais qui n'aura causé que de la peur aux combattants.

N° 66

Le Chevalier de Denier

Cette carte est à peu près insignifiante pour un oracle particulier ; elle annonce des découvertes utiles à l'industrie ; quelquefois elle vous avertit que l'on vous demandera des services d'argent que vous refuserez, malgré la confiance que mérite celui ou celle qui sollicitera votre bienveillance.

Renversée, elle indique de bonnes occasions que vous manquerez ; elle signifie insouciance, paresse, fainéantise.

Quand le consultant est militaire, c'est l'augure d'une paix prochaine ; près du n° 32, elle lui annonce des honneurs qu'il devra à la faveur.

Pour une jeune personne, c'est un avis de ne pas se conduire légèrement, parce qu'elle éprouverait des contrariétés inattendues.

N° 67

Le Valet de Denier

Lorsque cette carte arrive la première et que l'on opère pour une dame, elle lui annonce qu'un monsieur fort aimable aura pour elle de grandes attentions ; près du n° 34, elle veut dire absolument le contraire.

Renversée, cette carte signifie dissipation, prodigalité ; le tarot qui suit complète la prédiction.

Lorsque le n° 45 suit ou précède ce tarot, il veut dire que vous devez soigner votre fortune et calculer mieux vos dépenses ; il dit aussi que vous dissiperez promptement l'héritage que vous attendez, ou que vous gaspillerez des sommes gagnées facilement.

Lorsque le consultant occupe une position élevée cela lui dit que ses prodigalités lui font plus de tort que d'honneur.

Nº 68

Le Dix de Denier

Ce tarot n'a, par lui-même, qu'une très-faible signification ; il veut dire la maison ; il est donc utile de bien interpréter les cartes dont il est suivi ou précédé.

Lorsque cette carte est accompagnée du no 31 dans son sens naturel, elle présage la présence d'un trésor dans la maison.

Auprès du no 21, elle vous dit que vous ferez une recette d'argent à laquelle vous ne vous attendiez probablement pas.

En compagnie du no 47, elle vous annonce que vous toucherez sous peu la somme que vous réclamez à une personne qui ne mettait pas beaucoup d'empressement à se libérer avec vous.

Près du no 49, cela annonce une fête dans votre maison, soit un baptême, une noce ou des fiançailles.

N° 69

Le Neuf de Denier

Si ce tarot se présente droit et proche d'un numéro s'expliquant sans réserve, il en confirme l'interprétation.

Renversé et près d'un numéro favorable, il vous dit que vous serez dupe d'une mauvaise plaisanterie.

Auprès du n° 71, il vous prévient qu'une personne à qui vous avez rendu des services d'argent n'est pas de très-bonne foi, et que vous regretterez votre trop grande facilité ; mais si le n° 20 l'accompagne, il y a lieu de croire que vous ne perdrez rien.

Il indique aussi des piéges, lorsque le numéro qui le précède est le tarot 78, mais pour vous faire commettre quelque action peu raisonnable.

N° 70

Le Huit de Denier

꙰

Lorsque cette carte se présente debout, elle veut dire beauté ; mais elle reçoit son interprétation véritable des tarots qui l'accompagnent.

Proche du n° 18, elle vous avertit qu'une méchante femme s'occupe de vous nuire ; près du n° 75, il est douteux, parce que la personne qui veut s'immiscer dans vos secrets n'a point de mauvaises intentions.

Si le consultant est célibataire, et que cette carte soit suivie du n° 73, il annonce des succès de différents genres.

Lorsque ce tarot arrive la tête en bas, il prédit au consultant qu'il sera victime d'un marché dans lequel on aura abusé de la confiance qu'il avait eue dans des gens affichant une bonne foi qu'ils n'avaient pas.

N° 71

Le Sept de Denier

Ce tarot vous avertit de vous conduire avec prudence et de vous confier à des personnes qui le méritent.

Accompagné des n⁰ˢ 20, 31 ou 45, il vous indique une recette d'argent, un petit héritage, un gain quelconque qui viendra bien à propos rétablir votre position financière.

Lorsque l'on fait le jeu pour une jeune fille, ce tarot lui dit que son futur possède plus de qualités que de richesses.

Renversé, il vous dit que sous peu on vous empruntera quelque argent, et que vous pouvez mettre votre confiance dans celui qui vous demandera secours.

Après le n° 45, c'est l'avis contraire.

Près du n° 78, cette carte vous dit que les inquiétudes dont vous êtes tourmenté sont mal fondées.

Quand le n° 71, renversé, se trouve précédé ou suivi du n° 9, il est de très-bon augure et modifie alors les fâcheuses prédictions des cartes voisines.

N° 72

Le Six de Denier

Ce tarot est le signe de l'instabilité des choses d'ici-bas ; il annonce une fortune dont le consultant ne pourra point jouir à cause de son ambition.

Proche du n° 76, il prédit des embarras de tous genres ; mais cette prédiction est beaucoup modifiée quand le n° 33 renversé se rencontre sur la même ligne.

Si vous faites le jeu pour une jeune personne, et que les n°ˢ 20 et 12 se trouvent avant ou après cette carte, elle lui dit que la protection d'une grande dame viendra l'aider à faire une brillante union.

Proche du n° 25, vous recevrez une lettre attendue depuis longtemps qui viendra vous fixer sur l'incertitude où vous êtes.

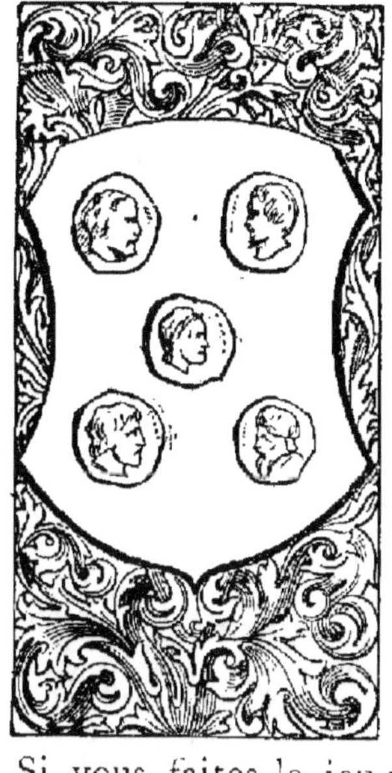

N° 73

Le Cinq de Denier

Pour un homme dont le mariage est à l'ordre du jour, cette carte lui annonce de l'incertitude du côté de la jeune fille, à cause de la disproportion de fortune qu'il y a entre les deux familles.

Si vous faites le jeu pour une personne mariée, c'est un oracle pour quelqu'un de sa famille ; à côté du n° 13, il indique que tout ira bien, et suivi du n° 20, il est l'avis d'une réussite inattendue.

Auprès du n° 12, il engage le consultant à ne point se laisser entraîner par ses passions.

Renversée, cette carte indique des désordres fâcheux ; avant ou après le n° 62, elle vous fait espérer des protections qui vous mettront à même de parer à toutes les mauvaises chances que vous avez à combattre par suite de votre prodigalité.

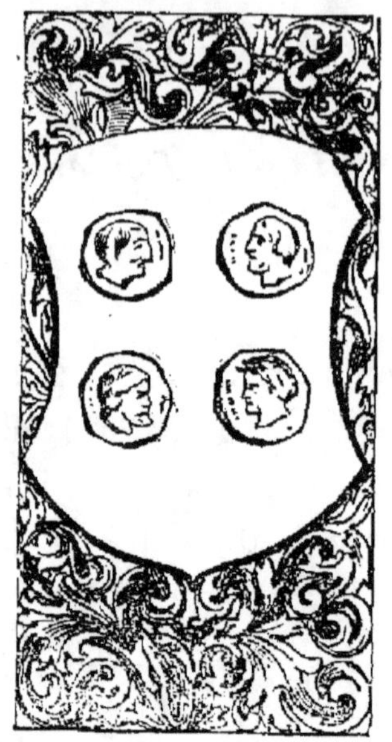

N° 74

Le Quatre de Denier

Voici un tarot de bon augure : des parents qui habitent l'Amérique vous enverront de riches présents.

Près du n° 40, lorsque le consultant est une femme, cette carte lui prédit qu'elle recevra d'un ami des présents forts gracieux.

Si vous faites le jeu pour un célibataire, cette carte lui dit que le mariage en question ne réussira pas, mais qu'il en fera un autre plus en rapport avec sa position.

Auprès du n° 36, vous êtes prévenu que vous n'obtiendrez l'emploi que vous désirez qu'à l'aide de cadeaux, sinon de valeurs qui marquent au moins votre gratitude.

Renversé, ce tarot indique une certaine opposition à votre réussite ; mais il faut persévérer dans votre entreprise. Pour un militaire, cela veut dire ennemis vaincus.

N° 75

Le Trois de Denier

Lorsque ce tarot vient en société du n° 29, il vous dit qu'un homme étranger, d'une haute position sociale, fera beaucoup pour vous. Si le n° 35 vient aussitôt après, cela vous prédit des embarras d'argent.

Auprès du n° 47, si le consultant est un militaire, cette carte lui annonce qu'il obtiendra quelque décoration à la suite d'une brillante affaire.

Pour une jeune personne, et à côté du n° 7, il lui annonce de belles protections.

Renversée, cette carte ne prend de signification que par celles qui la suivent ou la précèdent ; il faut donc la retirer de la ligne, de crainte qu'elle ne soit une carte contraire au sens des autres.

N° 76

Le Deux de Denier

La signification positive de ce tarot est embarras, incertitude. Vous arriverez difficilement à terminer l'affaire que vous avez entreprise. Cette carte indique aussi que vos proches n'approuvent pas votre conduite et vous dit de suivre les conseils de la sagesse.

Près du n° 16, il y a réussite, procès jugé à votre avantage et solution prochaine ; le tarot 64 indique de l'opposition, s'il suit le n° 76.

Quand le deux de denier vient la tête en bas, son augure a quelque chose de défavorable ; il annonce des chicanes, des disputes ; mais vous ne devez pas vous décourager, car il dit aussi que cela vous est presque étranger.

Nᵒ 77

L'As de Denier

Lorsque les cartomanciens de vieille date amenaient ce tarot, ils le regardaient comme complétement favorable ; ils ne voulaient pas en interroger d'autres.

Proche de tarots dont l'interprétation est des plus fâcheuses, celui-ci en détruit le sens entièrement.

Auprès du nᵒ 13, cette carte annonce bonheur dans le mariage, et, de plus, brillante fortune, si le nᵒ 20 l'accompagne.

Renversé, ce tarot vous prédit, soit pour vous ou pour un parent proche, la découverte d'une bonne affaire, et dans laquelle vous serez, dans tous les cas, intéressé de façon à arriver à une brillante fortune, et, par la suite de cette fortune, vous aurez de superbes équipages, si cette carte est proche du nᵒ 21.

N° 78

Le Fou

Ce tarot indique que la personne pour qui on consulte n'est pas exempte d'extravagance, et qu'elle pourrait se livrer à ses folies sans aucune retenue, si un autre tarot favorable n'en corrigeait pas le fâcheux augure.

Proche du n° 57, il vous dit que vous allez commettre une erreur que l'on traiterait de folie. Avec le n° 41, vous l'éviterez; et le contraire arriverait, si le n° 27 se trouvait à la suite.

Il ne faut pas croire que ce tarot, venant droit ou renversé, soit un signe absolu de folie chez le consultant; il indique, en compagnie du n° 20, les caprices de la fortune; il veut dire, enfin, que le consultant a plus de chance que de mérite.

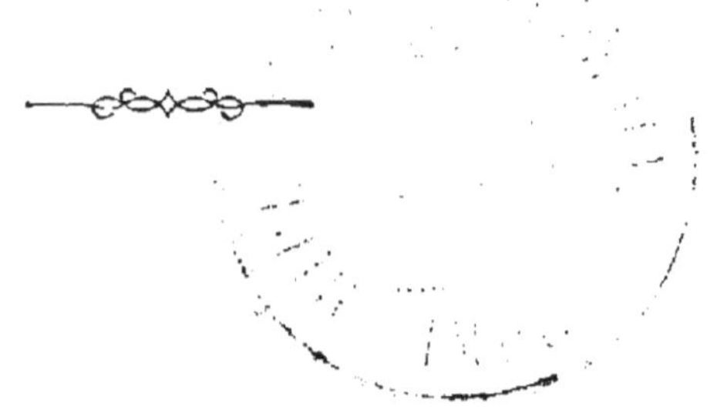

DELARUE

LIBRAIRE-EDITEUR

à Paris, 3, rue des Grands-Augustins.

CATALOGUE

LES ÉTOURDERIES
DE M. TOTO ET DE MLLE NINI

Un volume petit in-4, illustrations à pleines pages, caractères elzéviriens, papier glacé, impression de luxe, figures noires, relié toile anglaise............ 6 »
—Figures coloriées........................ 7 50

CONTES DES FÉES
PAR PERRAULT

Un splendide volume petit in-4, avec entourages rehaussés en couleur à chaque page, type nouveau, papier double vélin, 50 illustrations tirées en noir, caractères neufs .... 10 »
—Relié en toile ou demi-chagrin .... 12 »

LA POUPÉE
A B C D
PAR MADAME J.-J. LAMBERT

Un joli volume, gros caractères, huit figures coloriées, impression de luxe. Carton, richement colorié. 2 »

PETITS LIVRES AVEC GRAVURES

POUR LES ENFANTS

Format in-16. — *Huit jolies gravures coloriées.*

Le Capitaine Sabre de Bois, par Jules FÉLIX.
Gaspard l'avisé, par le *même.*
Madame Polichinelle, par Mme LAMBERT.
Médor et Blanchette, par la *même.*
Mignonne.   —
La Poule aux œufs d'or, par Jules FÉLIX.

Chaque vol. cart., tr. dorée........ 2 »

Format in-8. — *Seize jolies lithographies coloriées.*

Le marquis de Carabas, par Jules ROSTAING.
Petites histoires, par Mme J.-J. LAMBERT.
Petites aventures d'une poupée, par la *même.*
Le Seigneur Polichinelle, par Jules ROSTAING.

Chaque vol. cart., fig. coloriées..... 4 »

Format in-4. — *Seize jolies lithographies coloriées.*

Mon ami Pierrot, par Jules ROSTAING.
La Fée Sagesse, par Mme J.-J. LAMBERT.

Chaque vol. cart., fig. coloriées .... 5 »

MANUEL DU JEU DE BILLARD

Contenant la théorie du billard,
ses règles, ses principes généraux, leurs applications
diverses, etc., etc.,

PAR DÉSIRÉ LEMAIRE

Précédé d'une préface historique, par Jules ROSTAING.
42 planches................ 5 »

PETITE BIBLIOTHÈQUE ILLUSTRÉE

Les Fables de J. de La Fontaine, format anglais, 2 vol. illustrés d'environ 100 vignettes, par Pauquet, papier superfin glacé, impression de luxe. Prix, broché, les 2 vol. réunis........ 3 50
Toutes les figures coloriées...................... 7 »

Les Fables de Florian, format anglais. 1 vol. illustré d'environ 50 vignettes, par Pauquet... 2 50
Toutes les figures coloriées...................... 4 »

Les Contes de Perrault, même format, 1 vol. illustré d'environ 50 vignettes, par Henri Emy. 2 50
Toutes les figures coloriées...................... 4 »

Le Magasin des Enfants, par Mme Leprince de Beaumont. 1 gros vol., format anglais, 120 vignettes, par Télory, papier glacé. Broché... 3 50
Relié... 5 »

Paul et Virginie, par Bernardin de Saint-Pierre. 1 beau vol., format anglais, vignettes par les premiers artistes, impression de luxe. Broché... 3 50
Relié... 5 »

Le Vicaire de Wakefield, traduit de l'anglais, 1 vol. petit in-8, vignettes anglaises. Broché... 3 50
Relié... 5 »

Voyages de Gulliver, format anglais. 1 vol. illustré d'environ 150 vignettes, par H. Emy, papier superfin, glacé, impression de luxe... 3 50
Relié... 5 »

Contes choisis de Mme Leprince de Beaumont, format anglais. 1 vol. illustré................. 2 50
Relié... 4 »

Contes de Mme d'Aulnoy, format anglais, 50 vignettes, papier glacé........................ 2 50
Relié... 4 »

RECUEIL DE COMPLIMENTS

EN VERS ET EN PROSE

Suivi de petites comédies pour fêtes de famille
et distributions de prix,

PAR MADAME J.-J. LAMBERT

1 beau volume in-18, grand raisin, papier fin glacé,
Impression de J. Claye.......... 2 50

HISTOIRE DE FRANCE

PAR JULES ROSTAING

vol u me illustré de 75 portraits par les meilleurs artistes.
608 pages, papier fin glacé........... 3 50
Relié................................... 5 »

L'INGÉNIEUX CHEVALIER

DON QUICHOTTE DE LA MANCHE

Traduction nouvelle par RÉMOND.

120 gravures, par TÉLORY.
2 beaux vol. format anglais.................... 4 »
Relié........................ .... 5 50

LA

FLEUR DES CHANSONS FRANÇAISES

Choix de chansons comiques, romances,
chansonnettes, rondes, vaudevilles, contes et fables
en chansons, etc., etc.
Illustré de 100 magnifiques gravures par les premiers
artistes, d'après les dessins de TÉLORY.
1 vol. petit in-8o. Broché............... 3 50
Relié richement, tranches dorées..... 5

ACADÉMIE DES JEUX

Contenant la règle des jeux de calcul et de hasard, et généralement tous les jeux connus anciens et nouveaux jeux de famille, des cercles, des eaux, etc., etc.

MIS EN ORDRE

PAR BONNEVEINE

PRÉFACE HISTORIQUE, ANECDOTIQUE, SCIENTIFIQUE
ET HUMORISTIQUE

Par Jules ROSTAING, illustrations par TÉLORY

Un volume, format anglais, papier glacé, impression de luxe.. 3 50

LE

GRAND JEU DE L'ORACLE DES DAMES

78 cartes-tarots imprimés en chromo-lithographie,
à l'imitation des miniatures du XVᵉ siècle,
renfermées dans un étui illustré et accompagnées
du livret explicatif.............. ... 10 »

Nous pouvons affirmer en toute assurance que rien jusqu'à ce jour, en fait de cartes, n'a atteint le luxe de cette intéressante série de tarots; le grand jeu de l'oracle est donc une collection à laquelle la préférence sera incontestablement acquise.

Il n'est pas nécessaire de rappeler combien de personnes, portant un beau nom, ont pris d'intérêt à la cartomancie, pour faire passer notre jeu, qui en réalité est un objet d'art et un jeu de luxe ; le petit livret explicatif qui l'accompagne a été fait avec un soin extrême, et comme toutes les prédictions qu'il donne sont gracieuses, le Jeu de l'Oracle pourra être mis dans toutes les mains.

Le Grand Etteilla, ou l'Art de Tirer les Cartes, contenant: 1ᵒ une introduction rappelant l'origine des cartes; 2ᵒ l'indication des tarots qui composent le véritable livre de *Thot*; 3ᵃ une méthode au moyen de laquelle on peut apprendre soi-même sa destinée et à dire la bonne venture ; 4ᵒ l'explication des 78 tarots ou cartes gyptiennes ; 5ᵒ une table des synonymes ou ifférentes significations des mots placés en te et en queue de chacune de ces cartes sibyl-ques; 6ᵒ une liste de cent demandes princi-pales auxquelles il est facile de répondre en

faisant usage du livre de *Thot*; 7° les règles de
plusieurs jeux de tarots, par Julia ORSINI. Un
gros volume in-18, avec les 78 fig. des tarots.. 5   »

Ce livre n'est aucunement destiné à propager les erreurs; beaucoup
de personnes font de l'art de tirer les cartes nn amusement, sans
ajouter plus de foi aux prédictions par les cartes qu'à toutes les
sciences occultes en général.

Récréations de la Cartomancie, ou Description pittoresque de chacune des cartes du
Grand Jeu de l'Oracle des Dames, avec les combinaisons pour expliquer le Présent, le Passé
et l'Avenir au moyen des tarots.............. 1   25

Grand Jeu des 78 Tarots égyptiens, ou livre
de *Thot*, pour servir au Grand Etteilla. 78 cartes
coloriées...................................... 6   »

La Véritable Cartomancie expliquée par la
célèbre sibylle française. Nouvelle édition, 1750
figures....................................... 6   »

Les Prophéties de Michel Nostradamus di-
visées en dix centuries dont plusieurs n'ont pas
encore été imprimées, avec la vie de l'auteur,
les révélations de sainte Brigitte, suivies des
prophéties de Thomas-Joseph Moult. 1 beau volume, imprimé avec le plus grand luxe, caractères elzéviriens, papier extra................. 5   »

Les prophéties de Nostradamus ont paru pour la première fois
vers 1550; des enthousiastes, ou des interprètes *très-savants*, y ont
découvert l'annonce de grands événements historiques qui se sont
accomplis depuis. Nostradamus aurait prédit, entre autre choses, la
Saint-Barthélemy, ce qui serait le point de départ de sa réputation.
Il aurait, plus tard, annoncé la Révolution, la mort de Louis XVI,
celle de Marie-Antoinette, l'avénement de Napoléon, 1830, 1848, etc.

Le Secrétaire général, contenant des modèles
de pétitions à adresser à Sa Majesté l'Empe-
reur, aux ministres, au Corps législatif, aux
préfets, avec des instructions relatives à tous
les usages de la correspondance ; lettres de fêtes,
de bonne année, de condoléance, de recomman-
dation, de félicitation, de remercîments ; lettres
d'affaires et de commerce, modèles de lettres
de change, billets à ordre, effets, promesses,
obligations, quittances de loyer, lettres de voi-
ture, billets d'invitation ; lettres d'amour, décla-

rations, demandes en mariage, instructions relatives aux correspondances nuptiales ; lettres
de faire part, de naissance, de mariage et de
décès. Suivi de lettres de Mme de Sévigné, Vol-
taire, Rousseau, etc., etc. Ouvrage rédigé et mis
en ordre par PRUDHOMME. 46e édition, suivant le
cérémonial de l'Empire français. Un beau volume in-12.................................... 3 »

**Formulaire général de tous les actes sous
seings privés**, que l'on peut faire soi-même,
tels que : arbitrages, alignement, contrat d'ap-
prentissage, arrêté de compte, atermoiement,
bail, bilan, billets, bornage, caution, certificat,
cession de biens, compromis, congé, contre-
lettre, convention, décharge, dépôt, désiste-
ment, devis, demande de dispenses, échange,
états de lieux, expertise, gage, mandat, mitoyen-
neté (actes concernant la), partage, pension ali-
mentaire, plainte, quittance, société, testament,
transaction, transport, tutelle, vente ; avec une
instruction spéciale à chacune des affaires auxquelles se rapportent les actes formulés, par
PRUDHOMME. Un beau vol. in-12............... 3 »

Comptes faits ou Nouveau Barême, contenant : 1o comptes faits calculés depuis un cen-
time jusqu'à dix mille francs ; 2o un traité élé-
mentaire d'arithmétique ; 3o le système métrique
expliqué, cubage, arpentage, etc.; 4o la tenue
des livres ; 5o un petit formulaire d'actes ser-
vant de base à tous ceux que l'on peut rédiger
soi-même ; 6o une instruction sur les envois,
lettres, argent, circulaires, lettres de faire part,
échantillons, papiers d'affaires, cartes de visites,
paquets par poste, chemins de fer grande et
petite vitesse, dépêches télégraphiques ; 7o le
placement des capitaux, moyen de faire pro-
duire les plus gros intérêts en plaçant ses capitaux avec sûreté ; 8o renseignements sur les
caisses d'épargne et les caisses de retraite pour
la vieillesse ; 9o les assurances contre l'incendie,
assurances sur la vie ; 10o Etat civil, actes de
naissance, de mariage, de décès ; 11o des tableaux
de comptes d'intérêts, depuis 3 jusqu'à 10 pour
100, revu et mis en ordre par PRUDHOMME. Un
beau vol..................................... 2 50

Manuel théorique et pratique du Jardinier, contenant les connaissances élémentaires de la culture ; l'organisation des plantes, leur fécondation et leur multiplication : les époques de semis, la taille des arbres, la description et la culture des plantes potagères, aromatiques et économiques ; des arbres fruitiers ; arbres, arbrisseaux et arbustes d'ornement, les plantes d'ornement, plantes d'orangerie, de serre chaude et tempérée ; suivi d'un Dictionnaire des termes du jardinage et de botanique, d'une Table analytique des matières, par PIROLLE. Nouvelle édition, revue et augmentée par MM. NOISETTE et BOITARD, chevaliers de la Légion d'honneur, membres de plusieurs Sociétés savantes. Illustré de 150 vignettes par THIÉBAULT. Un gros vol. in-12 de 672 pages.......................... 5 »

Manuel illustré du Jardinier fleuriste, par Victor BRÉANT et BOITARD. Gros vol. in-18 grand raisin, nombreuses gravures coloriées représentant les fleurs les plus recherchées pour l'ornement des jardins........................ 5 »
Ce volume traite spécialement de la culture des fleurs et arbustes d'ornement.

Manuel complet de la Cuisinière, contenant : Un Guide pour les personnes en service, les soins du ménage, des appartements, de la vaisselle, du linge, etc. etc.; le service de la table suivant le nombre de convives, la carte des mets et des vins pour chaque service, la manière de découper ; mille recettes gastronomiques, ou résumé général des cuisines française, italienne et anglaise : la pâtisserie, les confitures de différentes espèces, les liqueurs, sirops, glaces, limonades, eau de Seltz, etc., par Mlle CATHERINE. 34° édition. 1 gros vol. in-12, avec un grand nombre de figures....... 3 »

Le Magicien des Salons, ou le Diable couleur de rose, recueil nouveau de tours d'escamotage, de physique amusante, de chimie récréative, tours de cartes, etc. Nouvelle édition, illustrée d'un grand nombre de figures sur bois gravées avec le plus grand soin. Un beau vol. in-12, avec 200 figures.......................... 3 50

**Art de confectionner les Fleurs artifi-
cielles.** Edition dédiée aux dames, par Mme B***,
volume de format in-18, orné d'un grand nom-
bre de grav.. 3   50

Nouvelle Sélamographie, langage allégorique
emblématique et symbolique des fleurs et des
fruits, des animaux, des couleurs, etc. Très-
beau vol. in-18, orné d'un joli frontispice et
d'une grande quantité de vignettes........... 1   25

**La Prescience ou grande Interprétation
des songes, des rêves et des visions.** Traité
curieux extrait de tous les ouvrages des anciens
et modernes qui se sont adonnés à l'étude de
la philosophie et à l'explication des sciences
occultes. Vol. in-12, orné d'un grand nombre
de figures.. 3   ʟ0

**Le Grand Oracle des dames et des demoi-
selles,** par Mlle LEMARCHAND. Nouvelle édi-
tion. Prix... 2   ı

**La Sibylle couleur de rose ou les Oracles
du destin,** amusement de société, édition im-
primée sur papier de couleur, et illustrée d'une
foule de petites fig...................................... 1   25

Physiologie complète du Rébus, ouvrage
illustré par 850 petites figures gravées, et rédigé par BLISMON. Volume in-18 de 170 pages.
Prix... 1   25

Les Mille et un Secrets. Remèdes et procédés
utiles, nouveaux et éprouvés. Trésor de la toi-
lette, de la santé et d'économie domestique,
dédié aux dames, par BLISMON. Un gros vol.
in-32. Prix... 2   »

Les Mille et un Amusements de Société.
Recueil de tours d'adresse ou d'escamotage, de
subtilités ingénieuses, de récréations mathéma-
tiques, d'expériences tirées de la physique, de
tours de carte, etc., etc. Ouvrage orné de 130
gravures pour l'intelligence du texte, dédié
aux personnes qui veulent s'amuser et divertir
les autres à peu de frais. Gros volume In-18,
Prix... 2   »

Paris.—Imprimerie Jules Bonaventure, 55, quai des Augustins.